La journée de Nounours

Un conte à masser ou un massage à raconter

Loi n°49-956 du 16 juillet 1949 sur les publications destinées à la jeunesse, modifiée par la loi n°2011-525 du 17 mai 2011.

BOSCHET Desislava

La journée de Nounours

Un conte à masser ou un massage à raconter

© 2020 BOSCHET Desislava

Éditeur : BoD-Books on Demand
12-14 rond-point des Champs-Élysées, 75008 Paris
Impression : Books on Demand, Norderstedt, Allemagne

Illustration : BOSCHET Desislava
Correction : BOSCHET Cyril et Séverine Le Cadre

ISBN : 9782322238309
Dépôt légal : 07 / 2020

« Prendre soin de soi, revient à prendre soin de son entourage ! »

Merci à Milann et à Vélimir d'avoir été de si beaux modèles, d'avoir testé, critiqué et félicité !

Je vous aime du sol des Tom-Pouces jusqu'à la fin de l'Univers !

Sommaire

La journée de Nounours ....Page 9

Exercices de relaxation ....Page 31

Exercice de relaxation – Le courage..Page 32

Exercice de relaxation – La bulle de savon ....Page 36

Exercice de relaxation – L'Arbre..Page 38

Exercice de relaxation – Le perroquet ....Page 41

La journée de Nounours

Lorsque Nounours se réveille, il se lève lentement et aime faire des petits jeux de rôles. Pour commencer, il fait l'astronaute. Il pose un pied par terre et il inspire fort, ensuite il pose l'autre et il expire. Il se déplace lentement tel un astronaute sur la lune. À chaque fois qu'il lève un pied, il inspire et lorsqu'il lève l'autre, il expire.

Après avoir fait le tour de la pièce, Nounours s'étire fort, fort, fort. D'abord, il croise les doigts de ses mains, ensuite il les étire tous comme s'il allait toucher le plafond. Il le répète trois fois.

Ce matin, il a décidé de faire semblant d'être un chat. Il se met à quatre pattes et étire son dos comme un chaton.

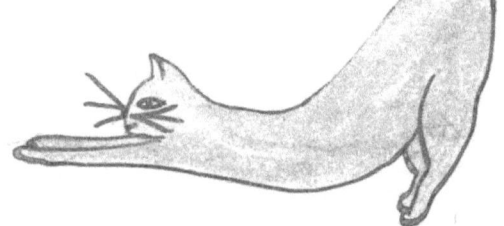

Pour se relever, il s'imagine être un petit singe. Au début il est tout recourbé avec les bras qui se balancent près du sol et plus il avance, plus il se redresse. Lorsqu'il est debout, son petit corps est tout relâché.

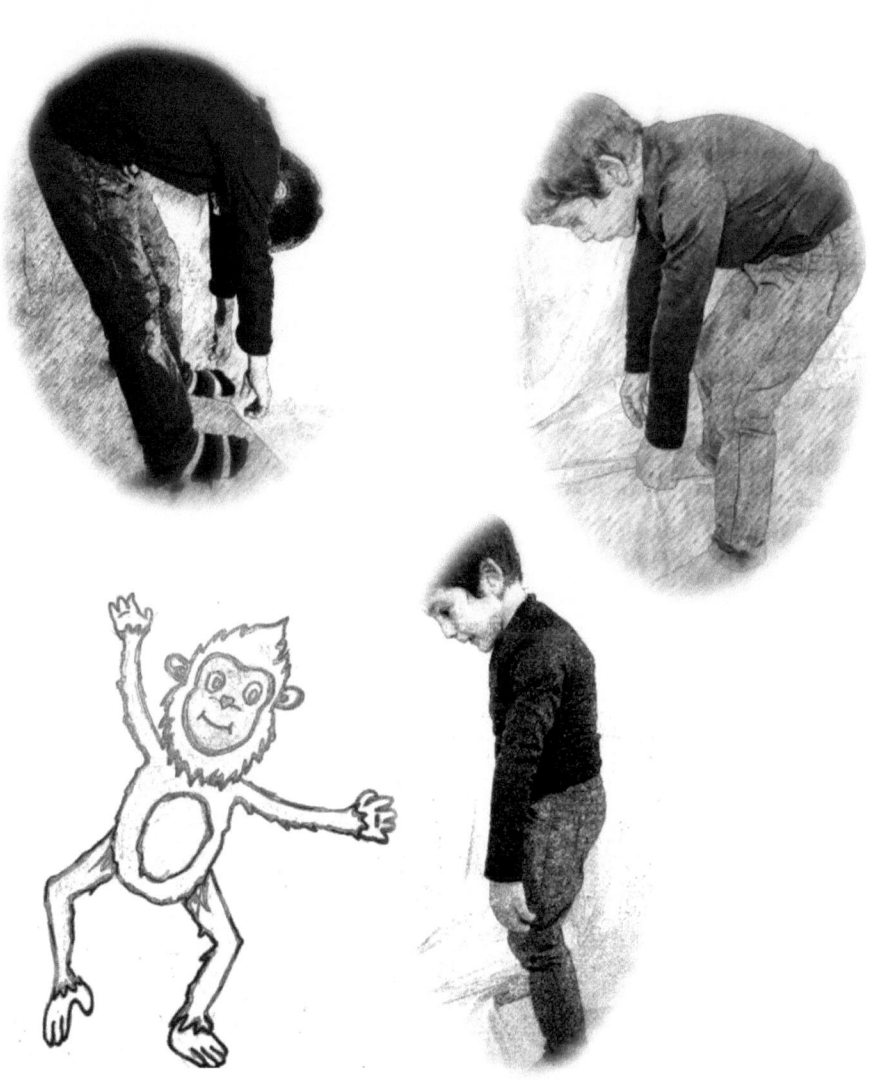

Après, il se penche d'un côté, le plus loin possible, et puis de l'autre côté. « Tu vois Lapinou, tu devrais faire pareil si tu veux bien démarrer ta journée » dit-il à son doudou préféré.

Son rituel exécuté, il va dans la salle de bain. Tout d'abord, il fait un tour sous la douche. Il adore sentir les gouttes tomber sur sa tête *(tapotez-vous la tête avec le bout des doigts comme s'ils étaient des gouttes d'eau.)* Une fois bien mouillé, Nounours met son shampoing préféré*. (Dessinez des ronds avec le bout des doigts partout sur le crâne.)* Il rince le shampoing. *(Lissez la tête avec le côté plat des mains.)*

Puis il laisse couler l'eau jusqu'aux épaules. *(On laisse les mains glisser le long de la nuque et des épaules. Quand les mains arrivent aux épaules, on dessine des ronds avec les bras.)*

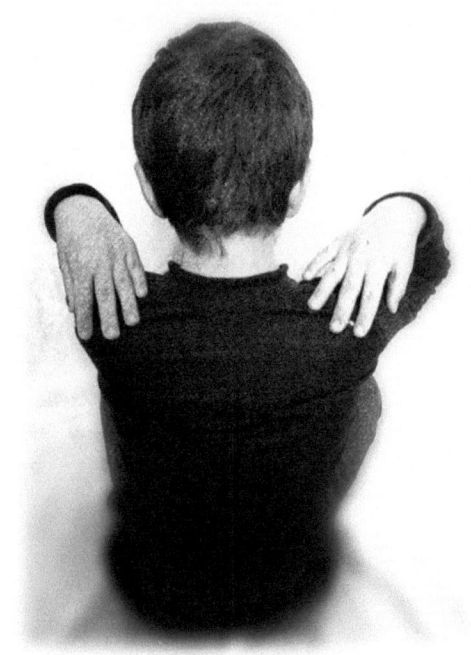

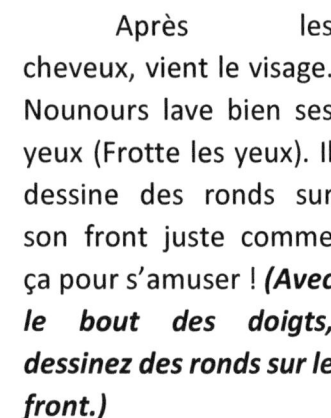

Après les cheveux, vient le visage. Nounours lave bien ses yeux (Frotte les yeux). Il dessine des ronds sur son front juste comme ça pour s'amuser ! *(Avec le bout des doigts, dessinez des ronds sur le front.)*

Ensuite, il s'imagine que ses doigts sont devenus des skieurs professionnels ! Il les pose sur le haut du nez et les laisse glisser sur les côtés, comme de vrais skieurs qui dévalent la pente. Ils glissent sur les flancs du nez, puis ils passent sur les pommettes et terminent leur course folle sur les tempes. Oh les coquins !

La douche finie, Nounours prend une serviette et se sèche soigneusement. Il frotte chaque partie de son doux pelage afin d'être bien sec.

Ah oui, j'ai failli oublier ! Tous les matins Nounours se brosse les dents ! *(Déplacez la langue sur les gencives, devant et derrière les dents.)* Et pour bien finir, ce coquin se met devant le miroir et fait des grimaces ! *(Bougez la mâchoire dans tous les sens.)*

Et toi ? Tu fais comment le matin ?

Nounours arrive à la cuisine et fait un gros bisou à maman. Ensemble, ils regardent par la fenêtre pour voir le temps qu'il fait. Maman dessine sur le dos de Nounours :

Il fait beau ! – Maman dessine un gros soleil. (**On dessine un rond et des rayons sur le dos de l'enfant.**)

Il y a du vent ! – Maman souffle fort et dessine des vagues. (**Avec le bout des doigts, on dessine des vagues qui partent des omoplates vers la colonne vertébrale et lorsque les deux mains se retrouvent au milieu du dos, elles repartent dans l'autre sens.**)

Il y a des nuages ! – Maman pose des nuages sur Nounours. (**On applique des pressions avec les poings.**)

Il y a aussi de la pluie ! (**On dessine des traits avec l'index. On fait attention d'éviter les zones osseuses.**)

Et parfois, lorsqu'il y a du soleil juste après la pluie, un magnifique arc en ciel décore les nuages ! *(Glissez vos doigts en dessinant un arc. Partez du bas du dos puis terminez de l'autre coté.)*

Petit Nounours aime beaucoup aider maman en cuisine. Il a son petit couteau à lui et pendant que maman prépare à manger, Nounours coupe les concombres pour la salade. *(Avec le tranchant de la main droite, on tape le bras gauche. On part du poignet pour remonter jusqu'à l'épaule.)* « Un seul ne suffit pas, dit maman. Peux-tu en couper un deuxième ? » *(Refaire l'exercice en inversant les mains.)*

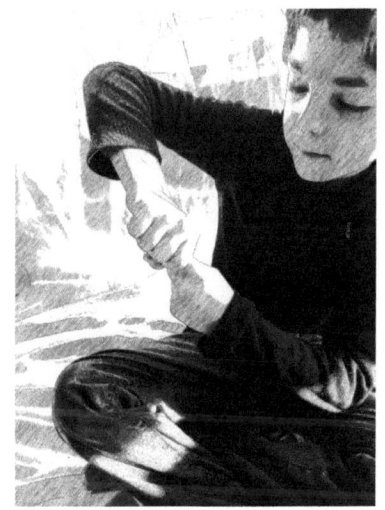

Il va maintenant dans le jardin pour sortir des radis de la terre. *(Avec une main, on attrape le pouce et de l'autre main on tire. Le pouce s'échappe doucement des doigts de l'autre main. On le refait avec chaque doigt.)*

« Petit Nounours ! N'oublie pas, il nous faut dix radis ! » s'écrie maman de la cuisine. *(On étire les doigts de l'autre main.)* Il enlève la terre. *(Avec une main, on lisse l'autre comme pour nettoyer de la terre.)*

Le petit coquin aime beaucoup reboucher les trous que les radis ont laissé dans la terre. *(Avec le pouce d'une main on appuie sur la paume de l'autre main.)*

Lorsqu'il a fini, il revient à la cuisine. Nounours nettoie la planche et il vérifie que le pain n'est pas trop dur ! *(D'abord avec la paume de la main, on lisse de l'épaule au poignet), ensuite on place la paume sur le bras, les doigts d'un côté et le pouce de l'autre. On applique de légères pressions avec les doigts et les pouces en même temps – du poignet vers l'épaule. On le fait sur les deux bras et on monte jusqu'au cou.)* Ensuite, il se met debout et en tapotant sur sa poitrine, s'écrie « Oyé Oyé le repas est servi » !

A table, il prend son bol de soupe chaude et souffle fort dessus. Il lui faut le faire trois à quatre fois pour bien refroidir sa soupe. *(L'enfant fait semblant de tenir un bol et il souffle dessus.)*

Lorsque la soupe est à la bonne température, il la boit et frotte toujours son petit ventre ! *(Dessinez des ronds sur son ventre.)* C'est tellement bon une soupe bien chaude !

C'est l'heure du jeu ! Le tambour, c'est trop bien ! *(On s'assoie et on utilise les cuisses comme tambour.)* Il aime beaucoup que maman lui donne un rythme qu'il doit reproduire ! *(Une personne donne le rythme pendant que les autres doivent reproduire le nombre de coups dans le bon ordre – par exemple 3 coups sur une jambe puis deux sur l'autre...)* Il gagne souvent !

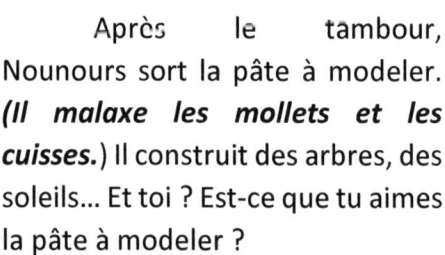

Après le tambour, Nounours sort la pâte à modeler. *(Il malaxe les mollets et les cuisses.)* Il construit des arbres, des soleils... Et toi ? Est-ce que tu aimes la pâte à modeler ?

Maman, je suis un peu fatigué ! Peux-tu me raconter une histoire ? Maman le prend dans ses bras et raconte l'histoire du jardinier magicien.

« Il était une fois un petit jardinier *(prenez les pieds de l'enfant).* Chaque hiver, il nettoyait bien son jardin. *(Lissez les pieds.)* Lorsque les gelées d'hiver étaient passées, il retournait la terre. *(Avec le bout des doigts faire semblant de creuser sur la plante des pieds.)*

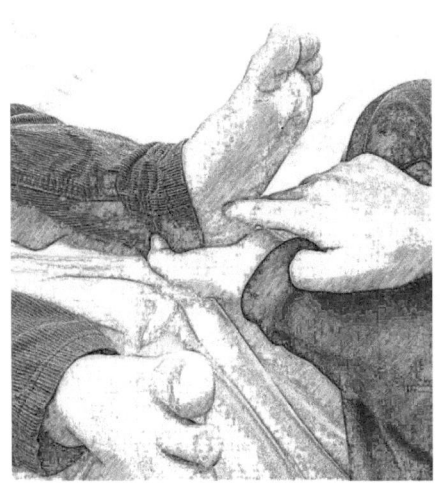

Ensuite, il plantait des graines magiques. Ces graines étaient un cadeau de la reine des fées. *(Appliquez de petites pressions sur la surface des pieds.)* Et au printemps, sa récolte poussait de plus belle.

En premier, des bonbons au chocolat *(tirez sur le pouce de l'enfant)* ,puis un arbre à sourires *(tirez l'index)* ,en troisième une fleur à fabriquer des bulles de savon, en quatrième un château gonflable et en cinquième un arbre à livres enchantés ! *(A chaque objet, on tire un doigt du pied et on peut laisser l'enfant choisir tout seul ce qui pousse dans le jardin)* La récolte du petit jardinier était très importante ! Il la livrait officiellement au château des fées ! Alors imaginez bien la catastrophe s'il manque des sourires, des livres enchantés ou même des bonbons au chocolat !!!

Nounours adore raconter des histoires à Maman ! Il est très fort pour les raconter ! *(On refait sur l'autre pied et cette fois c'est l'enfant qui raconte.)*

Après l'histoire, il est en pleine forme. Nounours demande à Maman de faire un gâteau. *(L'enfant s'allonge sur le ventre.)* On commence par nettoyer le poste de travail. *(Lissez les mollets et le dos comme si vous retiriez de la poussière.)* On met de la farine. *(Avec le bout des doigts, on « pose » des poussières de farine sur les mollets et le dos.)*

Nous mettons des œufs. *(Sur le dos, on fait semblant de casser un œuf et de le laisser couler sur l'enfant.)*

Ensuite, on écrase la pâte. *(On part des mollets et on « écrase » les muscles des jambes et du dos.)* On pose des carrés de chocolat/des fruits. *(Avec les 5 doigts, on exerce de la pression sur différents points du dos – on évite les zones osseuses.)*

Il met le gâteau au four *(les mains sur le bas du dos et on glisse vers les épaules)* et lorsque c'est fait, il le sort du four *(on glisse les mains des épaules vers le bas du dos).* Et voilà le goûter est prêt !

Cet après-midi, Maman et Nounours jouent à la maitresse. Nounours reste allongé sur le ventre et Maman écrit des lettres ou fait des dessins sur le dos de son loulou. Il doit deviner ce que Maman a écrit/dessiné.

Le soir est déjà arrivé ! il est temps d'aller se coucher. Nounours fait semblant d'être un kangourou ! Il adore ça ! *(L'enfant se met à sauter comme un kangourou).* Il saute vite au début, puis de moins en moins vite ! Maintenant, Nounours s'imagine qu'il doit traverser un ruisseau et saute d'une pierre à une autre. Attention ! Tu vas tomber Nounours ! Et non. Il est trop fort !

Et quand il est bien fatigué, il se pose dans son petit lit bien douillet. Avant de s'endormir, il a un copain mystérieux qui vient lui dire bonsoir. Un petit fantôme se glisse doucement dans la chambre. Il sait que Nounours l'attend mais il essaye toujours de surprendre son ami. *(Avec l'index et le majeur, on fait semblant de grimper du pied jusqu'au coup de l'enfant.)* Lorsqu'il est tout près de l'oreille, Nounours s'écrie BOUHHHHH et à chaque fois, le petit fantôme part en tremblant ! *(On retire la main en faisant trembler l'enfant, ou on fait des chatouilles.)* Les deux amis rient aux éclats ! *(On refait plusieurs fois.)*

Le jeu fini, le petit fantôme s'en va pour faire dodo. Nounours ferme les yeux et écoute les bruits autour de lui. Il fait attention à chaque bruit qui arrive à ses oreilles, et imagine l'objet qui crée ce bruit. Il imagine sa forme, sa taille, ses couleurs… et puis il refait pareil avec les bruits suivants… Au bout du compte, Nounours se laisse porter par le Marchand de sable !

Bonne nuit Nounours !

Exercices de Relaxation pour enfants

Exercices à lire par un adulte ou à écouter en relaxation guidée sur You Tube.

Le courage

Installe-toi confortablement. Assis ou allongé...peu importe, l'important c'est que tu sois bien installé. Ferme les yeux et inspire profondément, expire doucement... Inspire par le nez, expire par la bouche... Prend un instant pour noter les sensations que l'air vient de provoquer en toi. Inspire de nouveau, note la fraicheur qui s'installe au bout de tes narines.

Dirige maintenant ton attention vers les bruits autour de toi, note -les simplement. Imagine, si tu le souhaites, l'objet, la personne qui fait ce bruit... Que t'évoquent les bruits autour ? Inspire profondément, expire doucement....

Comme avec les bruits, prend un petit instant pour noter les sensations que ton corps est en train de vivre... les vêtements qui touchent ta peau. As-tu une couverture sur toi ? Est-ce que la température te convient ? Note toutes les sensations puis inspire profondément, expire doucement...

Si tu écoutes cet enregistrement, c'est que probablement tu considères qu'il te manque du courage pour affronter tes peurs, tes craintes... Sais-tu que dans la vie nous faisons souvent preuve de courage sans s'en rendre compte ? Sais-tu que dans ta vie, tu as souvent été courageux, sans pour autant t'en rendre compte... As-tu déjà osé dire une vérité alors que tu avais peur des conséquences ? As-tu fait du vélo sans les petites roues ? Cela te fait probablement sourire, mais je tiens à te faire remarquer que lorsqu'on est petit, il faut beaucoup de courage pour pédaler tout seul !

Je t'invite maintenant à m'accompagner. Nous allons nous rendre dans un lieu magique ! Un lieu enchanté qui cache de drôles de surprises ! Ce que nous allons chercher aujourd'hui, c'est la source du courage. C'est un petit ruisseau, qui jaillit des roches et qui coule dans les sous-bois. Je t'invite à avancer dans cette forêt si particulière. Tu peux imaginer les arbres, les feuilles, écouter les oiseaux qui chantent ... Inspire profondément et laisse le doux parfum de la forêt rentrer dans tes poumons... Regarde bien à tes pieds ! Il faut trouver la source si précieuse ! Ecoute ! On peut entendre l'eau qui gazouille ... Nous sommes donc tout prêt ! Si tu regardes bien entre les arbres, tu verras une roche recouverte de mousse. La pierre, grosse comme un éléphant surplombe les buissons autour. La mousse qui pousse dessus est douce et un peu fraiche... Au pied de cette roche, tu peux voir le début d'une source, une petite source qui a l'air fragile mais qui est très, très forte ! Plonge ta main dans l'eau et ressent sa fraicheur. Sais-tu que cette source magique est l'endroit où naît le courage ? Sais-tu que tous les grands héros, un jour ou l'autre, sont venus boire dedans ? Sais-tu que lorsque l'on boit de cette eau, notre force et notre courage grandissent de jour en jour ? Sais-tu qu'il suffit d'en boire une seule fois pour que le courage coule ensuite dans tes veines pour toujours ?

Tu as envie d'en boire ? Je t'invite à te pencher en avant, les genoux au sol. Inspire profondément et laisse les odeurs des sous-bois remplir tes poumons... Plonge ta main dans le ruisseau et note la fraicheur de l'eau. Laisse l'eau couler entre tes doigts... Je t'invite à remplir ta main et à ramener l'eau à ta bouche. Prends une gorgée, puis une deuxième si tu le souhaites. Laisse l'eau remplir ta bouche, profondément et note que tu es devenu beaucoup plus courageux qu'avant.

Assieds-toi à côté de l'eau et imagine quelque chose qui te fait habituellement peur. Je te demande de remarquer que malgré la peur, tu sais que maintenant tu peux affronter cette chose, cette personne... Inspire profondément et dis-toi que la peur est quelque chose de normal, quelque chose qui nous rappelle les dangers possibles. La peur est l'instinct de survie qui nous permet de faire attention et de mesurer les risques. Le courage, quant à lui, nous permet de dépasser les peurs et les craintes ! Le courage est cette partie de nous qui empêche la peur de nous tétaniser, de nous bloquer... Alors, je t'invite à accepter tes peurs, à accepter qu'elles fassent partie de toi. Je t'invite à les remercier car elles cherchent à te protéger. Je t'invite également à dire à tes peurs que protéger et bloquer sont deux choses différentes. Dis également à tes peurs qu'à partir d'aujourd'hui, ton courage sera toujours présent pour t'accompagner et t'amener au-delà des barrières que les craintes installent en toi !

Inspire profondément et note que ta respiration est plus légère et plus détendue. Inspire profondément et note que tes poumons sont remplis de courage ! Félicitations, tu es devenu une personne très très courageuse !

Maintenant que tu as retrouvé ton courage et ton calme, je t'invite à sortir de la forêt enchantée. Suis-moi, nous allons emprunter le petit chemin qui mène en dehors de la forêt. Et plus nous allons marcher sur ce chemin, plus le courage et le calme que tu viens de découvrir vont s'installer profondément en toi !

Compte avec moi !

Un pas en avant, le courage et le calme font maintenant partie intégrante de toi !

Deux pas, inspire profondément et laisse l'air et le courage remplir ton corps.

Trois pas, sais-tu que l'oxygène que tu inspires, passe d'abord dans les poumons, puis il rentre dans ton sang, et enfin chaque cellule de ton corps reçoit sa dose d'oxygène… ?

Quatre pas, exactement comme l'oxygène, le courage vient d'être envoyé dans chaque partie de ton corps !

Et un cinquième et dernier pas, te voici sorti de la forêt enchantée et te voici rempli de courage pour toujours, définitivement et en quantité illimitée !

La Bulle de savon

Installez-vous confortablement, assis ou allongé, peu importe, du moment que vous êtes bien installé. Inspirez profondément par le nez, puis expirez doucement par la bouche. Inspirez, expirez et une troisième fois, inspirez puis expirez… Notez l'air qui rentre par vos narines, notez les sensations que cela provoque en vous. Si vous maîtrisez le scan corporel, c'est le bon moment pour le pratiquer, sinon promenez simplement votre esprit sur chaque partie de votre corps puis notez les sensations qui s'y trouvent.

Lorsque vous êtes bien détendu, imaginez-vous en train de faire des bulles de savon. Souvenez-vous, quand vous étiez petit, vous aimiez peut-être en faire ! Vous avez vu d'autres personnes en faire… Et si vous ne l'avez jamais fait, imaginez-le simplement ! Avec une paille et un gobelet remplit de liquide (eau et liquide vaisselle), trempez votre paille puis soufflez dedans doucement. Imaginez la bulle qui gonfle, voyez la grossir de plus en plus. Imaginez les couleurs pales qui dansent sur sa surface, les reflets du soleil qui tremblent sur votre bulle… Imaginez les bulles qui s'envolent l'une après l'autre. Faites-en une plus grande. Imaginez que vous gonflez tellement cette bulle qu'elle devient même plus grande que vous ! Imaginez que vous rentrez dans cette bulle et qu'elle s'élève dans le ciel en vous emportant loin, très loin ! Et plus vous montez haut et plus vous êtes léger et apaisé ! Laissez-vous flotter un certain temps… Vous pouvez imaginer survoler des villes, des montagnes ou des forêts… Libre à vous de décider. Observez les paysages à vos pieds, imaginez leurs couleurs, leurs formes, leurs tailles… Laissez-vous aller et lorsque vous êtes aussi détendu que vous le souhaitez, posez-vous doucement au sol. Inspirez profondément puis expirez doucement. Savourez à présent la détente qui vient de s'installer dans votre corps et dans votre esprit !

L'Arbre

Je t'invite à te placer debout, dans une pièce calme et paisible. Ferme tes yeux et commence par noter les bruits, puis identifier les personnes ou les objets qui provoquent ces bruits… Inspire profondément par ton nez et porte ton attention à l'air qui chatouille tes narines en rentrant. Expire doucement par la bouche et note que tes épaules se relâchent avec l'expiration.

Aujourd'hui, je vais te proposer de te transformer en arbre. Un grand et majestueux arbre avec des racines profondes et bien ancrées. Continue d'inspirer profondément et d'expirer doucement… A chaque inspiration, laisse ton corps se raidir pour devenir dur et solide comme le tronc d'un arbre. Je te propose de lever les bras vers le haut, comme s'ils étaient des branches. Imagine qu'autour de tes bras, de ta tête, une couronne recouverte de feuilles se dresse. As-tu déjà observé les couronnes des arbres ? As-tu pris le temps d'observer les feuilles qui dansent avec le vent ? As-tu observé la multitude de nuances de verts que tu peux voir sur un arbre ? Prends le temps de noter les centaines de grandes et petites branches qui constituent ta couronne… Tu peux baisser les bras si tu le souhaites, tu peux rester debout ou bien t'assoir au sol, en tailleur, pour la suite de l'exercice…

Maintenant, je vais te demander d'imaginer que tes pieds « poussent », telles des racines qui s'installent de manière très solide (dans le sol) ! Imagine-les en train de pousser et s'agrandir, aller de plus en plus loin et devenir de plus en plus solides. As-tu déjà vu les racines d'une plante ? As-tu remarqué que les racines peuvent être très profondes…

Sais-tu que, plus tes racines vont loin et plus ta confiance en toi devient forte et solide ? Sais-tu que plus tes racines sont solidement ancrées dans le sol et plus tu es fort tel un super héros ! Je t'invite à noter que, plus tu visualises tes racines, plus tu retrouves de la confiance en toi ! Laisse le sentiment de sécurité se propager dans chaque millimètre de ton corps… Imagine que, plus tes racines poussent et plus tu es profondément relié avec la terre et sa douce force…Inspire profondément, laisse la détente et le bien-être s'installer en toi… Expire doucement, laisse cette expiration chasser chacune de tes peurs, de tes craintes… Sais-tu que même les arbres les plus majestueux commencent par pousser à partir d'une petite et délicate graine ? Sais-tu qu'avant de devenir grands et solides, les arbres sont fragiles, petits, vulnérables ? Sais-tu que, si les arbres deviennent aussi forts, c'est parce que les plus forts protègent les plus petits des rafales du vent ? S'ils sont aussi forts, c'est aussi car ils prennent le temps de grandir, de s'installer tranquillement et doucement…

Alors toi qui est devenu un arbre l'espace d'un instant, voudrais-tu te donner le temps de grandir sereinement, calmement, doucement comme un jeune arbre qui deviendra surement l'un des arbres les plus majestueux et les plus forts ! Voudrais-tu laisser le calme et la solidité des arbres se diffuser dans ton corps ? Inspire et note que maintenant tu te sens plus fort, plus confiant. Expire et laisse ton corps se relâcher, se détendre, s'apaiser… Inspire encore, et à chaque nouvelle inspiration, la confiance en toi et en tes capacités devient de plus en plus forte, de plus en plus solide…A chaque expiration, ton corps, lui, devient léger, relâché, tout mou, tout détendu…

Je t'invite à présent à laisser ton corps se relâcher doucement. Allonge-toi doucement, prends le temps qu'il te faut pour te détendre bien. Ecoute les bruits qui t'entourent, écoute ta respiration, ou simplement suis les mouvements que ta respiration provoque dans ta poitrine …

Profite pleinement du calme qui habite ton corps et souviens-toi qu'il te suffit juste de fermer les yeux et de te rappeler de ton arbre, de tes racines, pour retrouver le calme et l'apaisement que tu ressens maintenant !

Le Perroquet

Je t'invite à t'installer assis, de préférence au sol. Pense à placer un tapis ou un petit coussin afin d'éviter que tu aies froid durant l'exercice. Tu peux croiser les jambes ou non, peu importe, l'important est que tu sois bien installé !

Ferme maintenant les yeux, tout d'abord, et comme toujours lorsque tu te relaxes, dirige ton attention vers les bruits qui t'entourent. Note chaque bruit puis identifie-le. Imagine l'objet ou la personne qui crée ce bruit. Lorsque tu as tout identifié, accepte simplement tous ces bruits comme une partie intégrante de ce moment de détente. Dirige à présent ton attention vers ta respiration et note bien les sensations que l'air crée lorsqu'il rentre dans ton corps. Note maintenant les sensations provoquées par tes expirations…

Je te propose maintenant d'imaginer un perroquet. Un bien coloré ! Imagine que chaque plume qu'il possède correspond à une qualité. Plus il y a de plumes et plus ton perroquet est riche en qualités et expériences ! Prends un petit moment pour l'admirer. Est-ce que tu veux devenir aussi coloré que lui ? Maintenant imagine que toi aussi tu peux te couvrir de plumes pour chacune de tes qualités, chacune de tes réussites… Alors je t'invite à t'imaginer que tu te transformes en perroquet. Imagine ton corps se transformer, ton visage et tes jambes qui s'affiner. Imagine tes bras qui deviennent des ailes. Imagine que, pour le moment, ton plumage est gris. Maintenant, nous allons imaginer ensemble des plumes de toutes les couleurs ! Par exemple, est-ce que tu es courageux ? Ou bien souhaites-tu le devenir ? Imagine une belle plume bleue, grande et brillante. Cette plume est le courage ! Rajoute-la maintenant dans ton plumage. Regarde le beau bleu qui brille parmi les plumes grises ! Ressens le courage qui est devenu une partie intégrante de toi ! Imagine maintenant une autre plume. Elle peut être jaune, par exemple, et imagine sa taille, sa forme… Cette plume peut être l'amour, par exemple celui que tu portes à tes parents, à tes amis ou à toi-même !

Prends le temps d'imaginer chaque plume jusqu'au moindre détail et à chaque fois que tu rajoutes une nouvelle plume, note la douceur qui envahie ton corps.

Je vais me taire un petit instant et je vais te laisser imaginer tout un tas de plumes...

Rajoute dans ta collection tout ce que tu as déjà et tout ce que tu souhaites avoir ! Rajoute tes qualités, tes réussites, tes souhaits... Rajoute, par exemple, l'honnêteté, la patience, la persévérance, la joie de vivre, la bienveillance, l'empathie, la gentillesse, la générosité... Tes réussites aussi ! Tu as appris à marcher, à parler, à lire peut-être, à faire du vélo ? Tu as peut-être appris comment faire des petites choses simples à manger ? Tu as appris à compter, à calculer... Bref toutes les grandes et petites réussites qui font que tu es un être aussi unique !

Et s'il y'a quelque chose que tu souhaites apprendre, rajoute-la aussi ! Visualise les plumes, les unes après les autres et rajoute-les au fur et à mesure. Et plus tu rajoutes des plumes, plus tu deviens coloré et majestueux. Et plus tu deviens coloré et majestueux, plus tu as confiance en toi et en tes capacités !

Note également qu'après chaque plume, tu prends de plus en plus conscience à quel point ton intérieur est riche !

Je te laisse à présent compléter ton doux et magnifique plumage qui est devenu tellement coloré ! Rajoute autant que tu veux de plumes ! Tu peux rajouter aussi souvent que tu le souhaites ! Et s'il te manque de la place sur ton perroquet, laisse-le simplement grandir, car, plus tu rajoutes de qualités et de réussites, plus tu vas grandir également !

Références :

« Par où commencer » - Desislava Boschet - Edition BoD

« Massages pour les bébés et les enfants » - Jacques Choque - Edition Albin Michel